Samuel Cameroun

La dime ; le péché de Balaam, dans l'église contemporaine apostasiée

Samuel Cameroun

La dime ; le péché de Balaam, dans l'église contemporaine apostasiée

Éditions Croix du Salut

Imprint
Any brand names and product names mentioned in this book are subject to trademark, brand or patent protection and are trademarks or registered trademarks of their respective holders. The use of brand names, product names, common names, trade names, product descriptions etc. even without a particular marking in this work is in no way to be construed to mean that such names may be regarded as unrestricted in respect of trademark and brand protection legislation and could thus be used by anyone.

Cover image: www.ingimage.com

Publisher:
Éditions Croix du Salut
is a trademark of
International Book Market Service Ltd., member of OmniScriptum Publishing Group
17 Meldrum Street, Beau Bassin 71504, Mauritius

Printed at: see last page
ISBN: 978-613-7-37163-3

Huitième Etude Biblique / 27

LA DIME ; LE PECHE DE BALAAM, DANS L'EGLISE CONTEMPORAINE APOSTASIEE.

PROLOGUE SUR LA...

Collection de la série chrétienne

" QUE CELUI QUI LIT FASSE ATTENTION ! "

(Mathieu 24 : 15)

Au cours de notre marche spirituelle, nous aborderons les fondamentaux de la saine doctrine chrétienne qui en est la colonne et l'appui de la vérité. D'après l'apôtre Paul encourageant son fidèle compagnon dans 1 Timothée 3 : 14 – 15 il lui écrit : « *Je t'écris ces choses, avec l'espérance d'aller bientôt vers toi, mais afin que tu saches, si je tarde, comment il faut se conduire dans la maison de Dieu, qui est l'Église du Dieu vivant, la colonne et l'appui de la vérité* ». A la suite de l'apôtre Paul, les études de cette série, coupleront tout au long, les thèmes de la doctrine biblique à ceux de la prophétie, car Jésus-Christ exhortant fraternellement l'Eglise qui en est " Membre de son Corps " est toujours présent aux côtés des siens. Pour cela, les enseignements de la présente collection s'appuieront essentiellement sur les livres conjoints de la Révélation (Apocalypse), juxtaposé à celui de Daniel, pour confirmer cette bonne nouvelle du message de l'évangile. Puisque, arrivés à la fin des siècles, la doctrine évangélique, les dix commandements de Moïse et la prophétie ont été recommandés précieusement aux chrétiens authentiques, pour leur servir de boussole dans l'obscurité des ténèbres du mal. Ceci en raison de l'esprit d'égarement qui a conduit à l'apostasie doctrinaire, désormais rendue très populaire, parmi toutes ces communautés de prétention chrétienne que la Bible nomme de « *Babylone La Grande La Mère des Impudiques* ! » Apocalypse 17 : 5.

Aussi, devons-nous chercher Dieu avec toutes nos forces, nous qui sommes la génération parvenue au terminal de l'histoire de ce monde destiné à sa ruine imminente et éternelle! C'est Jésus seul, qui en a déterminé les conditions de salut pour quiconque veut sincèrement échapper en sortant de ce monde d'impies. Car il le déclare solennellement : « *personne ne peut venir à lui si le Père ne l'attire...* » Cependant une fois venue au Seigneur, sachons également que Jésus ajoute : « *nul ne peut aller à Dieu sans passer par Lui (Jésus)* ». Finalement quel est le but de notre marche chrétienne ? Et qu'est-ce que l'Eglise du Christ ? Peut-elle être une organisation dénominationnelle ? – Les Assemblées chrétiennes doivent-elles dépendre d'une quelconque agence gouvernementale pour prouver qu'elles sont l'Eglise de Christ ?

Alors que les vrais chrétiens s'apprêtent à faire face à la pire persécution de l'histoire sainte, par le « 666 » qui conditionnera bientôt tout Homme, - Nos finances à l'exemple des dimes doivent-elles être engagées pour nous gagner le ciel ? - Le Christ est-il encore présent dans ces dénominations appelées Eglises ? - Qui devrait être à la tête de l'Eglise du Christ ? - Comment se construisent actuellement les communautés chrétiennes sous le seul Berger, Jésus-Christ ? – L'Eglise de Christ en a-t-elle de responsables visibles ? – Cette Eglise de Christ peut-elle entretenir la corruption ? Peut-elle tant soi peu compromettre notre salut par quelques doctrines non scripturaires ? Quelle Eglise en effet aujourd'hui, est parfaitement en conformité avec la sainte volonté de Christ révélée dans la Bible ?

Pour toutes ces interrogations et tant d'autres qu'on en oublie certainement, la collection *"Que celui qui lit, fasse attention"*, propose exclusivement des réponses bibliques simples et assez complètes suivant chaque thématique abordée. Les réponses à ces questions ci-dessus en énoncé disons-le, ne seront données qu'aux cœurs humbles, voilà pourquoi la présente série chrétiennes *"Que celui qui lise fasse attention "*, est une suite de messages vivants. Ils ont été conçus en tenant compte des besoins spirituels de notre génération, surtout des prophéties dont la Bible, par la révélation et l'enseignement doctrinaire de Christ, des apôtres et des prophètes d'autrefois, nous invite à scruter jour et nuit sans relâche dans une vie de prière, leur accomplissement, afin de nous donner la force de paraitre debout devant le Fils de Dieu, au dernier jour. Voici la promesse de Christ à son Eglise *« A celui qui vaincra, et qui gardera jusqu'à la fin mes œuvres, je donnerai autorité sur les nations. » Apocalypse 2 : 26*

NB: Sauf indication contraire, les références bibliques citées en études, sont tirées de la version des saintes écritures (Louis Second). Et pour chaque thème, vous pouvez consulter le sommaire en page **40** et **42**. Par l'indication ordinale (question-réponse), toute réaction particulière, pourrait susciter un accompagnement biblique personnalisé et/ou communautaire, tant soit peu, que vous vous manifestiez sur notre site internet, par appel téléphonique WhatsApp ou sur notre adresse électronique marquée au bas de chaque page.

L'Eglise vous présente ainsi une série de *« 27 études bibliques »*, complétant autant de messages vidéos, audio, en version électronique téléchargeable sur le site internet *wwwchrétiens-église.org*. Tout ceci pour un égal nombre de livrets, à offrir progressivement, selon que le Seigneur Yahwéh Dieu, y pourvoira avec miséricorde et grâce en Jésus-Christ !

L'ensemble de cette collection est gratuitement offert, afin de respecter l'esprit de Christ qui nous a recommandé d'en faire don, puisque nous l'avons reçu gratuitement :

ALORS IL N'APPARTIENT A PERSONNE DE VENDRE CETTE PAROLE DE DIEU !

Mais au préalable, nous vous invitons à recevoir la lettre de l'Auteur écrite pour vous les lecteurs. Cette lettre pourrait vous servir de feuille de route et de guide pédagogique. Cependant il n'est jamais chrétien de croire que notre Seigneur agira identiquement dans tous les cas, au cours de votre croissance spirituelle, ou du ministère pastoral d'évangélisation à travers vous. C'est pour cette raison qu'une fois de plus, nous vous invitons à demeurer attentif à sa voix spirituelle, au travers du canal infaillible que représente pour quiconque, la lecture assidue de sa parole, la Bible.

LETTRE D'ENCOURAGEMENT DE L'AUTEUR, POUR VOUS !

Frères et sœurs, que la paix de Dieu qui surpasse toute intelligence, garde vos pensées en Jésus-Christ ! ».

Soyez la bienvenue, en empruntant avec l'Eglise, la petite voie très resserrée qui mène dans l'éternité, et dont seul Le Fils de Dieu, en est Le Guide et Le Souverain Berger…

Avant toute chose, nous vous conseillerons durant votre étude biblique, d'être critiques du sens des doctrines que ces saintes lettres aborderont. En cela, vous serez entrain de suivre les recommandations des Apôtres selon Actes 17 : 11. *« Ces Juifs avaient des sentiments plus nobles que ceux de Thessalonique ; ils reçurent la parole avec beaucoup d'empressement, et ils examinaient chaque jour les Écritures, pour voir si ce qu'on leur disait était exact. »*

Durant votre croissance chrétienne, lisez régulièrement votre Bible. Ecoutez le Saint-Esprit. Partagez cette richesse avec d'autres. Soyez généreux, surtout envers votre entourage. Sachez encourager des initiatives d'étude communautaire. Eprouvez ceux qui par esprit de vaine critique, vous taxeront de sectaire. Luttez sans vous laissez distraire par les ennemis de vos âmes. Simplifiez-vous la vie chrétienne. Assistez les démunies de votre voisinage, à commencer par les membres de votre famille. Impliquez-vous dans des campagnes d'évangélisation publique. Exploitez tous les créneaux de communication, et rependez la bonne nouvelle comme des semeurs de Vie !

N'ignorez personne dans vos prières. Appelez la faveur de Yahwéh Dieu sur ceux qui vous écoutent, mais également sur ceux qui vous résisteront. « N'ayez aucun ennemi…, vivez en paix avec tous…, et soyez en parfait harmonie… », Avec l'ensemble de l'Eglise locale de Christ dans le pays, la ville ou le quartier de vote résidence.

Frères et sœurs, « fuyez le péché » et « soyez saint » car « notre Dieu est Saint. » Et par reconnaissance à Dieu de vous avoir sauvé et envoyé, « chantez-Lui sans cesse des cantiques spirituels sous l'inspiration de son Esprit. »

Comme vous avez « reçu gratuitement », veuillez à ne pas briser cette chaine de solidarité ! Avec de nouveaux disciples, commencez par présentez l'évangile, puis abordez des thèmes doctrinaux en fonction de votre auditoire et de leurs besoins spirituels. Vous pourrez choisir les thèmes qui vous conviennent à vous, en obéissant à la voix du Saint-Esprit. Et comme « l'eunuque Ethiopien » sachez que Christ les rejoindra sur la route quand vous vous mettrez en peine de le leur enseigner, surtout à la jeunesse. Donnez-vous à vos Frères chrétiens « comme une offrande à Dieu », car « la moisson est abondante mais les ouvriers sont peu nombreux. » Aussi, rappelez-vous de la promesse de Christ dans la parabole des « ouvriers de la dernière heure »

Ainsi « notre joie sera parfaite » de vous savoir en route pour la céleste patrie, étant enfants de Dieu et serviteurs du Christ, si vous avez appris qu'il n'y a « pas de plus grand amour, que de donner sa vie pour ceux qu'on aime ». De même « qu'il y a plus de joie à donner qu'à recevoir »

Enfin, soyez heureux, en attendant notre Sauveur Jésus, qui « n'oubliera pas votre participation à la propagation de l'évangile et du message de la vérité ». N'ayez de crainte, que de Dieu Lui Seul. Et puis, très vite faite nous part de votre témoignage : des dons que le Saint-Esprit vous aura gratifié, en vue de parfaire le corps du Christ. « Soyez bénie en tout point de vue ! »

Alors, « ***BIEN AIMES*** *», recevez ces études bibliques comme un présent du Seigneur Jésus, transmis par le ministère d'évangélisation depuis son Eglise du Cameroun, par votre dévoué serviteur et modeste frère d'Afrique, qui tient à vous rappeler que Yahwéh Dieu, par son Fils Jésus-Christ, vous aime d'un Amour Eternel. Croyez de même à notre dévouée affection fraternelle, par les arrhes du Saint Esprit. Amen !*

NB: *En fin d'étude biblique, à la (****Page 44****) de ce titre, vous trouverez les différents thèmes proposés dans la collection d'étude Biblique " Que celui qui lit fasse attention". Nous rappelons aux lecteurs que cette série d'étude biblique chrétienne est disponible gratuitement pour votre édification au site www.chrétiens-église.org*

SAMUEL CAMEROUN, Apôtre du SEIGNEUR JESUS-CHRIST.

camerounsamuel@gmail.com *Tel + 237 690600469 ou + 237 679647767*

Texte à lire

Mathieu 21 : 10 – 17

LA COLERE DE JESUS

Lorsqu'il entra dans Jérusalem, toute la ville fut émue, et l'on disait : Qui est celui-ci ? La foule répondait : C'est Jésus, le prophète, de Nazareth en Galilée. Jésus entra dans le temple de Dieu. Il chassa tous ceux qui vendaient et qui achetaient dans le temple ; il renversa les tables des changeurs, et les sièges des vendeurs de pigeons. Et il leur dit : Il est écrit : Ma maison sera appelée une maison de prière. Mais vous, vous en faites une caverne de voleurs. Des aveugles et des boiteux s'approchèrent de lui dans le temple. Et il les guérit. Mais les principaux sacrificateurs et les scribes furent indignés, à la vue des choses merveilleuses qu'il avait faites »

INTRODUCTION

A L'origine de la dime, Abraham qui s'appelait encore Abram, revenait d'une bataille contre des nations païennes. Des rois faisant partir du butin de sa victoire, qu'Abram promit de donner une part de tout ce butin à Melchisédek, quand celui-ci sortit à sa rencontre dans la vallée de Schavé avec du pain et du vin. Lisons plutôt la Bible. *« Melchisédek, roi de Salem, fit apporter du pain et du vin: il était sacrificateur du Dieu Très Haut. Il bénit Abram, et dit: Béni soit Abram par le Dieu Très Haut (...) Le roi de Sodome dit à Abram: Donne-moi les personnes, et prends pour toi les richesses. Abram répondit au roi de Sodome: Je lève la main vers l'Éternel, (...) je ne prendrai rien de tout ce qui est à toi, (...) afin que tu ne dises pas: J'ai enrichi Abram. Rien pour moi! »* Ensuite on lit : *« ...Béni soit le Dieu très Haut qui a livré tes ennemies entre tes mains ! Et Abram lui donna la dîme de tout ». Genèse 14 :18* Voici le premier verset biblique duquel il est mentionné pour la première fois dans toutes les saintes écritures, le *fameux enseignement* sur la dîme.

Ainsi plus tard, à partir de cet épisode de la dîme, le culte juif s'articulera autour de la construction d'un véritable temple à Jérusalem, avec la promulgation de diverses lois et commandements comportant :

1. *Le Décalogue = Dix Commandements (Tablettes conservées dans l'Arche de l'Alliance) et divers interdits et pratiques sociales* qui furent promulgués par Moise à l'intention du peuple tout entier, sous la guidée de la caste des prêtres.
2. Puis *Des Lois, Et Des Ordonnances Cultuelles, se rapportant aux pratiques du culte dans le temple,* entre autres: (ablutions, purification du sanctuaire, aliments recommandés ou pas, dimes et offrandes etc...)

Au regard de ce qui vient d'être introduit sur le sujet de la dime, parlant d'Abram et du sacrificateur Melchisédek, du pain et du vin, de Jésus-Christ et de sa colère dans le temple de Jérusalem, à la question justement de savoir : *Aujourd'hui faudrait-il encore payer la dime ou non ? Et quelles en sont les conséquences ?* Notre étude biblique intitulée *''La Dime ; Le Péché De Balaam, Dans L'Eglise Contemporaine Apostasiée,* consistera pour *L'Eglise*, de répondre par un *NON catégorique. « IL NE FAUT PLUS PAYER DE DIMES ! »* Et donc à cette importante préoccupation, l'Eglise démontrera par *''trois points capitaux''* le rapport direct qu'il y a entre l'ancienne alliance, le sang de Jésus-Christ et la dime depuis l'ère chrétienne:

D'un côté, **Le Titre I** de la leçon, qui traitera de l'Alliance de Moise à deux volets ;

a) *Les ordonnances d'offrandes et de dimes* dont l'usage financier, servait aussi bien à pourvoir l'animal du sacrifice expiatoire d'Israël par l'aspersion du sang sur les ustensiles de culte et sur le peuple, mais également pour l'entretien de la classe des prêtres, des sacrificateurs et du temple.
b) Puis *Le décalogue (les dix commandements)*

Et de l'autre, **Le Titre II** de l'étude biblique, qui traite de *La Nouvelle Alliance grâce au sacrifice éternel du sang du Christ-rédempteur, sans tâche qui reforma la loi du culte à l'ère du christianisme,* « ***déchirant par sa mort, le voile du temple !*** » *Mathieu 27 : 51*. Mais de quelle réforme s'agit-il ? *Hébreux 9 : 10*. De la loi des ordonnances (dimes, sacrifices, et sacrificature) ou du décalogue (les dix commandements) ? *(Voir leçon N°...sur L'observation de la loi ''Dix Commandements'' et le salut des chrétiens...en rappel d'étude.)*

Enfin **Le Titre III**, et ce c'est là le point capital de notre étude Biblique, qui démontrera en synthèse, les enjeux de ce changement d'ordonnance de lois du culte, qui a rendu caduc *La Première Alliance Cultuelle De Moise, jusqu'à l'assimiler ainsi au péché du prophète Balaam* ***dans le nouveau testament, autant que,*** *les chrétiens payant ou recevant aujourd'hui la dime,* ***profanent consciencieusement ou non, le sang de la grâce de Jésus dans ces Eglises apostâtes***. Par **cupidité**, ils renient ainsi le Maître qui les a rachetés ! *2 Pierre 2 : 1,3.*

Noté bien : *Cependant il y a une bonne nouvelle pour toutes celles, et tous ceux qui voudront bien s'en servir : La repentance ! Ensuite ?*

TITRE I : LA DIME : ORIGINE, SIGNIFICATION, ET PRATIQUE DANS L'ANCIENNE ALLIANCE SACRIFIELLE, ET LE DECALOGUE.

En raison de l'importance que l'aspect financier du culte avait revêtu, au détriment du spirituel, depuis le temps des patriarches, jusqu'à l'époque messianique, contemporaine des Eglises primitives d'*Ephèse et de Smyrne* (*Apocalypse 2 : 1, 8)*, le culte divin n'était plus qu'une épave de la foi, sans intérêt spirituel. Dans plusieurs communautés tant à Jérusalem, que parmi la diaspora juive devenue chrétienne, le culte de l'argent Roi, était à l'origine d'*Apocalypse 2 : 6 « Tu as pourtant ceci, c'est que tu hais les œuvres des Nicolaïtes, œuvres que je hais aussi. »* Aussi, à l'exemple des pionniers de la foi chrétienne, l'Eglises du vingtième siècle Laodicée, a fait pire que le monnayage du salut, elle a profané le sang de la grâce. Tel Judas elle s'est accommodée bien aujourd'hui par exemple, d'une appellation du monde financier moderne, ***(PMES)*** : c'est-à-dire ***Petites et Moyennes Entreprises Spirituelles.*** Avec la floraison de communautés à but lucratif, caractéristique de l'esprit de Balaam le prophète dont la démence fut stoppée nette par une ânesse. ***Laodicée*** (*Apocalypse 3 : 14 -22*) est une communauté vantarde et orgueilleuse, dans laquelle, l'argent est passé pour garantir la foi et le salut à ses adeptes. L'esprit des nicolaïtes dominateurs du peuple, s'est emparé des enfants de Dieu les soumettant au dieu "Mammon". Se croyant sages, ***Laodicée*** est devenue folle ! Voilà pourquoi, comme autrefois Jésus Lui-même, entrant dans le temple de Jérusalem, vit la souillure qui était au comble de la cupidité, lorsqu'il s'en prit autant aux vendeurs qu'a leurs acheteurs. Alors usant d'un fouet, Le Fils de Dieu *« renversa les tables des changeurs, chassa les animaux de sacrifice qu'on y vendait. » Mathieu 21 : 10–17.* De même en ces temps qui sont les derniers, *Apocalypse 2 : 14 – 16 « Mais j'ai quelque chose contre toi, c'est que tu as là des gens attachés à la doctrine de Balaam, qui enseignait à Balak à mettre une pierre d'achoppement devant les fils d'Israël, pour qu'ils mangeassent des viandes sacrifiées aux idoles et qu'ils se livrassent à l'impudicité. De même, toi aussi, tu as des gens attachés pareillement à la doctrine des Nicolaïtes. Repens-toi donc ; sinon, je viendrai à toi bientôt, et je les combattrai avec l'épée de ma bouche. »*

LE SANCTUAIRE ET SES SERVICES.

Mais l'essor de ce culte hébraïque, avait connu son apogée dès lors où le peuple arriva à Jérusalem. Avec les ordonnances d'offrandes et de dimes, dont l'usage financier, servait aussi bien à pourvoir l'animal du sacrifice expiatoire, qu'à l'entretien de la classe des prêtres, des sacrificateurs et du temple. Le sang des sacrifices était aspergé sur les ustensiles de culte et sur le peuple. Avec la pratique de la dime et de toutes les offrandes et sacrifices qui y étaient confiés aux soins de la tribu de Lévi. A l'ère des patriarches, la nation juive avec son temple, était de ce fait, devenue un pôle religieux et financier très important du monde : puisque ce fut là, que Moise garda l'Arche de l'Alliance contenant *Les Tablettes De l'Alliance* qui y étaient disposées :

- **Le décalogue** (les dix commandements), *Deutéronome 4 : 13-14*
  « Il publia son alliance, qu'il vous ordonna d'observer, les dix commandements ; et il les écrivit sur deux tables de pierre. »
- **Et les ordonnances d'offrandes et de dimes**, *Deutéronome 4 : 13-14*

« En ce temps-là, l'Éternel me commanda de vous enseigner des lois et des ordonnances, afin que vous les mettiez en pratique dans le pays dont vous allez prendre possession. »

Alors, pour bien assimiler le culte et ses pratiques (dimes et offrandes) au temple de Jérusalem, il nous sera important de revisiter la structure de cet important édifice religieux d'autrefois ; ses services et leurs fonctions. Afin d'en saisir la portée spirituelle d'après les lois relatives au culte, et celles inamovibles depuis toujours, Les (Dix commandements), encore appelés décalogue qui codifiera la vie sociale dès lors.

Pour cela, voici en quelques points, une représentation schématisée du résumé du temple et son culte qui se pratiquait dans le sanctuaire d'Israël en ces temps-là, à l'ère de la dime, des patriarches et surtout des grands prophètes de Dieu !

Il y avait trois parties dans le sanctuaire : Le parvis (Exode 27 : 9-13) ; Le Lieu Saint et le Lieu Très Saint. (Exode 26 : 33)

Dans le parvis se trouvaient l'Autel des sacrifices

y

a- (Exode 27 : 1- 8) ; la cuve des ablutions (Exode 30 : 18 – 21) et le tabernacle lui-même. La barrière était formée d'un tissu de fin lin blanc soutenu par 60 piliers. (Exode 27 : 23)

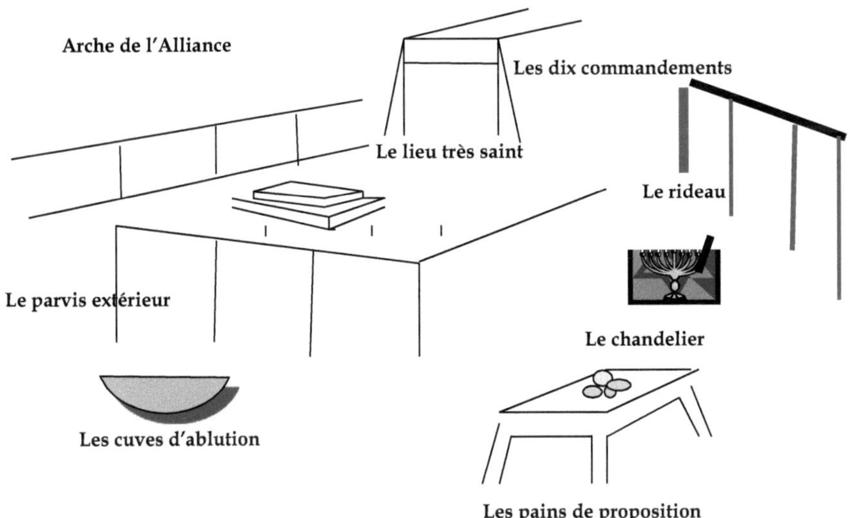

SIGNIFICATION ET ORIGINE DE LA DIME

Pour comprendre la signification et origine de la dime revisitons les compartiments du temple de Jérusalem. Les éléments choisis par Jésus pour le salut des hommes sont cités ici : l'eau, le pain, le vin, et le rideau du temple qui se déchira du haut jusqu'en bas. Quelle coïncidence ! Préfiguraient-ils Jésus qui allait être justement l'Agneau de Dieu qui ôta le péché du monde ? Est-il le fait d'un simple hasard ? Ou est-ce le fait divin ?

Rappelons que ce divin service se faisait par la classe des *Lévites,* des *Sacrificateurs,* tous deux adjoints au *Souverain Sacrificateur Aaron.* Exode 29 : 27 Mais comme Jésus renversant les tables des changeurs et chassant les vendeurs, Ce même Jésus d'hier, comme dans le passé, menace de vomir cette multitude d'Eglises de nos jours qui représentent toutes ensembles ***''Babylone La Grande''*** Apocalypse 18 : 2 ou ***''Laodicée''*** de la fin des temps. (Apocalypse 3 : 14 -22).

1. Mais qu'est-ce que la dime ? Lévitique 27 : 31- 32

« *Si quelqu'un veut racheter quelque chose de sa dîme, il y ajoutera un cinquième. Toute dîme de gros et de menu bétail, de tout ce qui passe sous la houlette, sera une dîme consacrée à l'Éternel.* »

Note: Au vue de la fraction *''un cinquième''* exprimée ici dans ce passage, « *Si quelqu'un veut racheter quelque chose de sa dîme, il y ajoutera un cinquième.* » Lévitique 27 : 3. On pourrait déduire que la dime d'Abram à Melchisédek, semblait être considérée comme étant 1/10 ème de l'ensemble de tous les dons en or, argent, bétail, Hommes c'est-à-dire esclaves y compris des Rois ..., qu'Abram donna au roi de Sodome. La dime, c'est donc 10% de tous les revenus que paya Abram au Roi Melchisédek. Plus tard, la dime deviendra en bref, la dixième part d'un produit issue d'activités agropastorales ou autres. Voilà pourquoi selon Jésus lui-même cette portion concerne « *La dîme de tous (les) revenus.* » Luc 18 : 12

ecensons quelques-unes de ces Eglises payant toujours la dime dans leur pratique de culte :

a) **Les Catholiques** *(dont les appellations financières "**Dernier du culte**", "**La Fête des Récoltes**", démontrent un monnayage en rapport direct d'une pratique de culte contre la garantie de la foi et du salut supposé)*

b) **Les Protestants** (Fraternelle Luthérienne, Evangélique, Apostolique, Presbytérienne, Méthodiste, etc...payent encore des taxes similaires)

c) **Les Adventistes Du Septième Jour** *(Dans cette communauté l'accent est très prononcé sur la pratique de la dime, Il existe plusieurs quêtes ou dimes durant un seul culte ! Parfois même des postes de responsabilité y sont pourvu en faveur de ceux et celles qui jouissent d'une certaine aisance financière et matérielle*

d) **Les Pentecôtistes** *(Elles vont au-delà des dimes! Les grâces de guérison, de miracles et autres y sont pourvues au moyen de billets de banques, où des prétendues huiles d'onction vendues à coup de loterie ou de kermesses !!!). A ce sujet toutes les mondanités y passent avec succès !*

e) **Etc**...

2. Quand fut évoquée la question de la dîme -pour la première fois - dans la Bible? Genèse 14 : 20

« *Béni soit le Dieu Très Haut, qui a livré tes ennemis entre tes mains ! Et Abram lui donna la dîme...* »

Note: Ce qui est convenu d'appeler dans ce passage de Genèse 14 : 21, de « *butin à partager* » entre les vainqueurs après la bataille remportée, le roi de Sodome dit à Abram : « *Donne-moi les personnes, et prends pour toi les richesses.* » Mais voilà ce qui va devenir le butin des marchands de la foi chrétienne d'aujourd'hui, au détriment complet d'un évangile désintéressé pour lequel Jésus en le confiant aux apôtres leur disait: « *Vous avez reçu gratuitement, donnez gratuitement !* »

3. Combien de sortes de dîmes existaient-ils en fait dans la loi hébraïque autrefois ?

1. Deutéronome 14 : 22 « *Tu lèveras la dîme de tout ce que produira ta semence, de ce que rapportera ton champ chaque année.* »
2. Deutéronome 14 : 26 « *Là, tu achèteras avec l'argent tout ce que tu désireras, des bœufs, des brebis, du vin et des liqueurs fortes, tout ce qui te fera plaisir, tu mangeras devant l'Éternel, ton Dieu, et tu te réjouiras, toi et ta famille.* »
3. Deutéronome 26 : 12 « *Lorsque tu auras achevé de lever toute la dîme de tes produits, la troisième année, l'année de la dîme, tu la donneras au Lévite, à l'étranger, à l'orphelin et à la veuve ; et ils mangeront et se rassasieront, dans tes portes.* »
4. Néhémie 10 : 38 -39 « *Le sacrificateur, fils d'Aaron, sera avec les Lévites quand ils lèveront la dîme ; et les Lévites apporteront la dîme de la dîme* »
5. 1 Samuel 8 : 11 « *Il dit : Voici quel sera le droit du roi qui régnera sur vous.* »

1 Samuel 8 : 15,17 « Il (le Roi) prendra la dîme du produit de vos semences et de vos vignes, et la donnera à ses serviteurs. Il prendra la dîme de vos troupeaux »

4. Et si nous faisons un décompte des différentes dimes !

1) La dime des familles juives. Elles en faisaient un usage (annuel) volontaire.
2) La dime de la veuve, de l'étranger et de l'orphelin, qui était triennal (3 ans)
3) La dime des Lévites, qu'ils venaient chercher eux-mêmes auprès de toutes les familles juives de la diaspora, qui était aussi triennal (3 ans)
4) La dime du Roi qui règne sur Israël, destinée pour son personnel du palais et des champs. 5) Enfin la dime du sacrificateur appelée la dime de la dime, qu'on versait directement dans la chambre du trésor et dont la gestion incombait conjointement au secrétaire du temple et celui du Roi, là à Jérusalem.

Il est donc récencé cinq sortes de dimes dans l'ensemble de la Bible.

ETUDE COMPAREE ENTRE LA DIME DES ROIS ET L'IMPOT DES CESARS

5. Quelles autres formes de dime existait-il en dehors de celles du temple ?

Note: Les rois d'Israël également recevaient les dimes de la part du peuple. Nous ne parlons pas ici des impôts que Jésus ne décommanda nullement la pratique, non plus les apôtres dans leurs différentes épitres. Car, à propos de la dime des rois juifs durant leur règne nous y lisons : *Samuel 8 : 11, 15, 17 « Il dit : Voici quel sera le droit du roi qui régnera sur vous. Il prendra la dîme du produit de vos semences et de vos vignes, et la donnera à ses serviteurs. Il prendra la dîme de vos troupeaux, et vous-mêmes serez ses esclaves. »* Quand à l'impôt des César qui n'avait aucun lien avec le culte nous lisons Mathieu 22 : 21 « *Rendez donc à César ce qui est à César, et à Dieu ce qui est à Dieu.* »

Note: Et pourquoi ne plus considérer qu'une seule sorte de dime au détriment d'autres dans ces Eglises apostasiées ? Notamment celles destinées aux orphelins, aux veuves et aux étrangers pour lesquels Jésus révéla toute la ferveur de l'amour de Dieu pour les Hommes. Et d'ailleurs, les aliments de culte (dimes), autrefois destinée aux prêtres du temple, aujourd'hui selon le Christ, devraient prendre la direction opposée au temple de Jérusalem, c'est-à-dire à destination des pauvres. Et ce, depuis qu'il est mort. C'est ce qu'il fit dans son Eglise en disant aux disciples : « *Donnez-leur vous-même à manger* ». Quant au temple Jésus en dira ; « *Il ne restera pas ici pierre sur pierre* ». Pour quelles raisons ? Parce que c'est d'abord lui Jésus, le véritable temple de Dieu, Car *''détruisez ce temple et en trois jours, je le rebâtirais''*. Ainsi, nous les Chrétiens avec *Lui*, nous sommes devenus *''des pierres vivantes''*, *''la maison de Dieu en esprit''*, *''le temple du Saint-Esprit''* !

CONDITIONS PRATIQUES DE LA DIME PENDANT LA MARCHE, AVANT LE TEMPLE DE JERUSALEM

6. Où et comment devrait être pratiquée cette dévotion du culte du peuple de Dieu ? *Néhémie 10 : 38 - 39*

« Les Lévites apporteront la dîme de la dîme à la maison de notre Dieu, dans les chambres de la maison du trésor. Car les enfants d'Israël et les fils de Lévi apporteront dans ces chambres les offrandes de blé, du moût et d'huile ; là sont les ustensiles du sanctuaire, et se tiennent les sacrificateurs qui font le service, les portiers et les chantres. C'est ainsi que nous résolûmes de ne pas abandonner la maison de notre Dieu. »

7. Qu'est-ce qui était initialement considérée comme dime, argent ou aliments ?
Deutéronome 14 : 25 « Alors, tu échangeras ta dîme contre de l'argent, tu serreras cet argent dans ta main, et tu iras au lieu que l'Éternel, ton Dieu, aura choisi. »
Note:

8. Que devient l'argent transporté à travers le voyage ? *Deutéronome 14 : 26 « Là, tu achèteras avec l'argent tout ce que tu désireras, des bœufs, des brebis, du vin et des liqueurs fortes, tout ce qui te fera plaisir, tu mangeras devant l'Éternel, ton Dieu, et tu te réjouiras, toi et ta famille. »*
Note:

9. Dieu avait-il prévu un lieu fixe et définitif où recevoir leur dime ?
Deutéronome 14 : 23
« Et tu mangeras devant l'Éternel, ton Dieu, dans le lieu qu'il choisira pour y faire résider son nom, la dîme de ton blé, de ton moût et de ton huile, et les premiers-nés de ton gros et de ton menu bétail, afin que tu apprennes à craindre toujours l'Éternel, ton Dieu. »

LA PROVENANCE DE LA SACRIFICATURE (ANIMAUX) DANS L'ANCIENNE ALLIANCE

10. D'où provenaient les animaux sacrifiés en offrandes à l'Eternel par les sacrificateurs au temple ? *Nombres 18 : 25 – 26*
« L'Éternel parla à Moïse, et dit : Tu parleras aux Lévites, et tu leur diras : Lorsque vous recevrez des enfants d'Israël la dîme que je vous donne de leur part comme votre possession, vous en prélèverez une offrande pour l'Éternel, une dîme de la dîme »

11. Comment les Lévites présentaient-ils ces offrandes à Dieu ?
Nombres 18 : 24
« Je donne comme possession aux Lévites les dîmes que les enfants d'Israël présenteront à l'Éternel par élévation ; c'est pourquoi je dis à leur égard : Ils n'auront point de possession au milieu des enfants d'Israël. »

12. Quelles étaient les possessions des Lévites au sein du peuple ?
Nombres 18 : 19
« *Je te donne, à toi, à tes fils et à tes filles avec toi, par une loi perpétuelle, toutes les offrandes saintes que les enfants d'Israël présenteront à l'Éternel par élévation. C'est une alliance inviolable et à perpétuité devant l'Éternel, pour toi et pour ta postérité avec toi.* »

13. Où devraient être pratiquée cette dévotion du culte du peuple de Dieu ? Deutéronome 12 : 5
« *Mais vous le chercherez à sa demeure, et vous irez au lieu que l'Éternel, votre Dieu, choisira parmi toutes vos tribus pour y placer son nom.* »

Deutéronome 12 : 6
« *C'est là que vous présenterez vos holocaustes, vos sacrifices, vos dîmes, vos prémices, vos offrandes en accomplissement d'un vœu, vos offrandes volontaires, et les premiers-nés de votre gros et de votre menu bétail.* »

Deutéronome 12 : 15
« *Néanmoins, quand tu en auras le désir, tu pourras tuer du bétail et manger de la viande dans toutes tes portes, selon les bénédictions que t'accordera l'Éternel, ton Dieu ; celui qui sera impur et celui qui sera pur pourront en manger, comme on mange de la gazelle et du cerf.* »

Deutéronome 12 : 16
« *Seulement, vous ne mangerez pas le sang : tu le répandras sur la terre comme de l'eau.* »

14. Comment opérait le peuple de Dieu pendant sa marche avant d'arriver au lieu indiqué ? Deutéronome 12 : 8
« *Vous n'agirez donc pas comme nous le faisons maintenant ici, où chacun fait ce qui lui semble bon* »
Note:
Deutéronome 12 : 9
« *Parce que vous n'êtes point encore arrivés dans le lieu de repos et dans l'héritage que l'Éternel, votre Dieu, vous donne.* »

Deutéronome 12 : 4
« *Vous n'agirez pas ainsi à l'égard de l'Éternel, votre Dieu.* »
Note:

Note: Deutéronome 12 : 11 « *Alors il y aura un lieu que l'Éternel, votre Dieu, choisira pour y faire résider son nom. C'est là que vous présenterez tout ce que je vous ordonne, holocaustes, vos sacrifices, vos dîmes, vos prémices, et les offrandes choisies que vous ferez à l'Éternel pour accomplir vos vœux.* »

15. Quel était ce lieu choisit par Yahwéh Dieu ?

Note: Deutéronome 12 : 10 « *Mais vous passerez le Jourdain, et vous habiterez dans le pays dont l'Éternel, votre Dieu, vous mettra en possession ; il vous donnera du repos, après vous* *avoir délivrés de tous vos ennemis qui vous entourent, et vous vous établirez en sécurité.* »

Néhémie 11 : 1
« *Les chefs du peuple s'établirent à Jérusalem. Le reste du peuple tira au sort, pour qu'un sur dix vînt habiter Jérusalem, la ville sainte, et que les autres demeurassent dans les villes.* »

Note:

Deutéronome 12 : 7
« *C'est là que vous mangerez devant l'Éternel, votre Dieu, et que, vous et vos familles, vous ferez servir à votre joie tous les biens par lesquels l'Éternel, votre Dieu, vous aura bénis.* »

Deutéronome 12 : 12 « *C'est là que vous vous réjouirez devant l'Éternel, votre Dieu, vous, vos fils et vos filles, vos serviteurs et vos servantes, et le Lévite qui sera dans vos portes ; car il n'a ni part ni héritage avec vous.* »

Note:

16. Dans quel pays devraient être pratiquée cette dévotion du culte du peuple de Dieu? Deutéronome 12 : 13
« *garde toi d'offrir tes holocaustes dans tous les lieux que tu verras...* »

17. Y avait-il un endroit déterminé par Dieu où serait consommées les dimes ? Deutéronome 12 : 14
« *Mais tu offriras tes holocaustes au lieu que l'Éternel choisira dans l'une de tes tribus, et c'est là que tu feras tout ce que je t'ordonne.* »

18. Etait-t-il permit de manger les dimes dans des habitations familiales ?
Deutéronome 12 : 17
« *Tu ne pourras pas manger dans tes portes la dîme de ton blé, de ton moût et de ton huile, ni les premiers-nés de ton gros et de ton menu bétail, ni aucune de tes offrandes en accomplissement d'un vœu, ni tes offrandes volontaires, ni tes prémices.* »

19. En existait-il un lieu approprié ? Deutéronome 12 : 18
« *Mais c'est devant l'Éternel, ton Dieu, que tu les mangeras, dans le lieu que l'Éternel, ton Dieu, choisira, toi, ton fils et ta fille, ton serviteur et ta servante, et le Lévite qui sera dans tes portes ; et c'est devant l'Éternel, ton Dieu, que tu feras servir à ta joie tous les biens que tu posséderas.* »

20. Quels avantages avait le Lévite à cet effet ? Deutéronome 12 : 19
« *Aussi longtemps que tu vivras dans ton pays, garde-toi de délaisser le Lévite.* »

21. Pour ce qui est des festins particuliers comment devait réagir le peuple ? Deutéronome 12 : 20 -21
« *Lorsque l'Éternel, ton Dieu, aura élargi tes frontières, comme il te l'a promis, et que le désir de manger de la viande te fera dire : Je voudrais manger de la viande ! Tu pourras en manger, selon ton désir. Si le lieu que l'Éternel, ton Dieu, aura choisi pour y placer son nom est éloigné de toi, tu pourras tuer du gros et du menu bétail, comme je te l'ai prescrit, et tu*

pourras en manger dans tes portes selon ton désir. »

22. Etait-il permit de se déplacer avec sa dime sur une grande distance ? Deutéronome 14 : 24
« *Peut-être lorsque l'Éternel, ton Dieu, t'aura béni, le chemin sera-t-il trop long pour que tu puisses transporter ta dîme, à cause de ton éloignement du lieu qu'aura choisi l'Éternel, ton Dieu, pour y faire résider son nom. Alors, tu échangeras ta dîme contre de l'argent, tu serreras cet argent dans ta main, et tu iras au lieu que l'Éternel, ton Dieu, aura choisi.* »

23. Celui qui donnait la dime la consommait-il également ?
Deutéronome 14 : 26 « *Là, tu achèteras avec l'argent tout ce que tu désireras, des bœufs, des brebis, du vin et des liqueurs fortes, tout ce qui te fera plaisir, tu mangeras devant l'Éternel, ton Dieu, et tu te réjouiras, toi et ta famille.* »

24. Avec qui était-il invité à la partager en premier ?
Deutéronome 14 : 27-28
« *Tu ne délaisseras point le Lévite qui sera dans tes portes, car il n'a ni part ni héritage avec toi. Au bout de trois ans, tu sortiras toute la dîme de tes produits pendant la troisième année, et tu la déposeras dans tes portes.* »

25. Où les Lévites et les sacrificateurs entraient-ils en possession de la dime qui leur était destinée ? Deutéronome 14 : 29
« *Alors viendront le Lévite, qui n'a ni part ni héritage avec toi, l'étranger, l'orphelin et la veuve, qui seront dans tes portes, et ils mangeront et se rassasieront, afin que l'Éternel, ton Dieu, te bénisse dans tous les travaux que tu entreprendras de tes mains.* »

26. Les Lévites avaient-ils de droit sur d'autres propriétés en dehors de ces dimes-là ? Nombre 18 : 24
« *Je donne comme possession aux Lévites les dîmes que les enfants d'Israël présenteront à l'Éternel par élévation ; c'est pourquoi je dis à leur égard : Ils n'auront point de possession au milieu des enfants d'Israël.* »

27. Qu'apporta le Roi Melchisédek quand il alla à la rencontre d'Abram ? Genèse 14 : 18
« *Melchisédek, roi de Salem, fit apporter du pain et du vin : il était sacrificateur du Dieu Très Haut.* »

Note: Quand on considère la nature du pain ''corps de Jésus'' ou du vin sang du christ'' qu'il institua à la pâque chrétienne, telle qu'originellement conçut dans la pensée du Créateur dans le livre de la Genèse, on y percevait dès les origines, la substance porteuse de vie en rapport directe avec l'élément du ''sang'' dans la bénédiction de Jacob sur Judas l'ancêtre du Christ : Le Schilo Genèse 49 : 11- 12 « *Il lave dans le vin son vêtement, Et dans le sang des raisins son manteau. Il a les yeux rouges de vin, Et les dents blanches de lait.* »

Le Titre II LA NOUVELLE ALLIANCE GRACE AU SACRIFICE ETERNEL DU SANG DU CHRIST-REDEMPTEUR, SANS TACHE QUI REFORMA LA LOI DU CULTE A L'ERE DU CHRISTIANISME

« Déchirant par sa mort, le voile du temple ! » Mathieu 27 : 51. Mais de quelle réforme s'agit-il ? Hébreux 9 : 10. De la loi des ordonnances (dimes, sacrifices, et sacrificature) ou du décalogue (les dix commandements) ? *(Voir leçon N°...sur L'observation de la loi "Dix Commandements" et le salut des chrétiens...en rappel d'étude.)*

LES LOIS QUI FURENT CLOUEES A LA CROIX AVEC JESUS-CHRIST.

Le sanctuaire et ses services.

Il est dit que les *« choses célestes elles-mêmes fussent purifiées »* ! La Bible annonce que le ciel c'est-à-dire son sanctuaire également avait besoin d'un sang de purification ! Qu'a donc fait le Christ ? Hébreux 9 : 12 *« et il est entré une fois pour toutes dans le lieu très saint, non avec le sang des boucs et des veaux, mais avec son propre sang, ayant obtenu une rédemption éternelle. »* Cette logique n'est-elle pas en accord avec l'idée du renouvellement de toutes choses dans le monde à venir ?

Christ a commencé par annoncer la destruction du temple de Jérusalem et ses nombreuses fonctions au sein de la communauté juive et non juive d'alors ! Mais l'a-t-il fait sans en remplacer les usages et leurs différentes fonctions ? Observons :

b- Dans le Lieu Saint se trouvaient :

a) **La Table des Pains de proposition** (Exode 25 : 23-30), Jésus « le Pain de vie » (1 Corinthiens 11 : 24-25) représente notre dépendance vis-à-vis à Dieu pour notre nourriture physique et spirituelle.

b) **Le Chandelier** (Exode 25 : 31-40). Jésus la Lumière du monde (Jean 8 : 12) la **lumière** représente aussi la parole de Dieu (Psaumes 119 : 105) ; l'**Huile** représente l'Esprit Saint (Apocalypse 4 : 5-6 ; Zacharie 4 : 1-6). L'encens représente les prières du peuple de Dieu (Apocalypse 5 : 8 ; 8 : 3-4 ; Psaume 141 : 2)

c) L'**Autel des parfums** (Exode 30 : 1- 9)

Note: Daniel 9 : 26 dit que Jésus ne fut retranché pour lui-même. Combien cela est vrai ! Il est mort pour nous. Apocalypse 3 : 20 Cela révèle que Jésus par son sacrifice, annula les lois du temple, donc y compris les dimes qui y étaient offertes dans ce temple ! Rappelons-nous de ces déclarations à la Samaritaine : Jean 4 : 21 *« Femme, lui dit Jésus, crois-moi, l'heure vient où ce ne sera ni sur cette montagne ni à Jérusalem que vous adorerez le Père. »*

Hébreux 10 : 4 *« car il est impossible que le sang des taureaux et des boucs ôte les péchés. »*

SACRIFICATURE DE JESUS COMPAREE A CELLE DU SOUVERAIN SACRIFICATEUR

Note: Le dernier acte de la vie de Jésus commença dans le vestibule du temple de Jérusalem. Entouré des prêtres, du Sanhédrin et de Simon Pierre le seul disciple hésitant qui l'avait suivi, nous lisons dans l'évangile de *Mathieu 26 : 57- 58,* comment la scène de son exécution dans une parodie de justice n'avait fait l'objet d'aucun sens d'équité, ni du folklore habituel, destiné à garantir la recherche de preuves et de vérités. Bref, aucunes convenances n'étaient à l'ordre en ce jour où le Fils de Dieu allait comparaitre du côté des accusés ! « *Ceux qui avaient saisi Jésus l'emmenèrent chez le souverain sacrificateur Caïphe, où les scribes et les anciens étaient assemblés. Pierre le suivit de loin jusqu'à la cour du souverain sacrificateur, y entra, et s'assit avec les serviteurs, pour voir comment cela finirait.* »

28. Que voulaient les prêtres en jugeant Jésus ? *Mathieu 26 : 59*
« *Les principaux sacrificateurs et tout le sanhédrin cherchaient quelque faux témoignage contre Jésus, suffisant pour le faire mourir.* »

29. Ont-ils trouvé des preuves pour l'inculper ? *Mathieu 26 : 60-62*
« *Mais ils n'en trouvèrent point, quoique plusieurs faux témoins se fussent présentés. Enfin, il en vint deux, qui dirent : Celui-ci a dit : Je puis détruire le temple de Dieu, et le rebâtir en trois jours. Le souverain sacrificateur se leva, et lui dit : Ne réponds-tu rien ? Qu'est-ce que ces hommes déposent contre toi ?* »

30. Qui trouva une preuve de l'accusation pour crucifier Jésus ?
Mathieu 26 : 63-64 « *Jésus garda le silence. Et le souverain sacrificateur, prenant la parole, lui dit : Je t'adjure, par le Dieu vivant, de nous dire si tu es le Christ, le Fils de Dieu. Jésus lui répondit : Tu l'as dit. De plus, je vous le déclare, vous verrez désormais le Fils de l'homme assis à la droite de la puissance de Dieu, et venant sur les nuées du ciel.* »

31. Comment le Souverain Sacrificateur mit-il fin à sa sacrificature face à Jésus ? *Mathieu 26 : 65-66*
« *Alors le souverain sacrificateur déchira ses vêtements, disant : Il a blasphémé ! Qu'avons-nous encore besoin de témoins ? Voici, vous venez d'entendre son blasphème. Que vous en semble ? Ils répondirent : Il mérite la mort.* »

Note: Dès que Jésus fut mort sur la croix il se produisit également un autre incident dans le temple pour montrer que l'évènement de sa mort annonçait la fin du règne de la sacrificature des prêtres terrestres autant que les sacrifices et l'offrande des dimes eux-mêmes.

32. Qu'est ce qui remplaça le sang des animaux ? *Hébreux 10 : 19*
« *Ainsi donc, frères, puisque nous avons, au moyen du sang de Jésus, une libre entrée dans le sanctuaire* »

33. Jésus emprunte-t-il une ancienne voie ou une ancienne loi de salut ? Hébreux 10 : 20
« Par la route nouvelle et vivante qu'il a inaugurée pour nous au travers du voile, c'est-à-dire, de sa chair »

34. Jésus s'offrit-il plusieurs fois pour sauver les Hommes ?
Hébreux 7 : 27 *« Qui n'a pas besoin, comme les souverains sacrificateurs, d'offrir chaque jour des sacrifices, d'abord pour ses propres péchés, ensuite pour ceux du peuple, -car ceci, il l'a fait une fois pour toutes en s'offrant lui-même. »*

35. « De quel pire châtiment pensez-vous que sera jugé digne celui qui aura foulé aux pieds le Fils de Dieu, qui aura tenu pour profane le sang de l'alliance, par lequel il a été sanctifié, et qui aura outragé l'Esprit de la grâce ? » Hébreux 10 : 29

Genèse 49 : 11 *« Il attache à la vigne son âne, Et au meilleur cep le petit de son ânesse ; Il lave dans le vin son vêtement, Et dans le sang des raisins son manteau. ».* Dans la prophétie nous connaissons le sens des vêtements : c'est-à-dire les œuvres ! Apocalypse 19 : 8 *« et il lui a été donné de se revêtir d'un fin lin, éclatant, pur. Car le fin lin, ce sont les œuvres justes des saints. »* Alors si Jésus n'étant pas mort pour Lui-même devrait laver son vêtement et son manteau, y voyons-nous dans les œuvres de Jésus une marque de souillure ? Non, au contraire, il était appelé à purifier le sanctuaire de la terre qui avait été témoin de tant de péchés ! Mais si la Bible parlant de la souillure du sanctuaire terrestre, en évoque celle du sanctuaire céleste comme ayant besoin d'un sang meilleur encore, Christ est donc entré dans le ciel même pour purifier le purifier !

36. Comment pourrait-on se le demander ?
Note: Simplement parce que ce fut dans le ciel qu'a été commis le premier pécher ! La rébellion du Diable accompagnée de ses anges eut lieu dans le ciel, voilà pourquoi le ciel aussi avait besoin du sang du Christ. Plus encore que le ciel, la terre elle-même avait besoin de ce même sang. Conclusion Genèse 49 : 11 *« Il lave dans le vin son vêtement, Et dans le sang des raisins son manteau. ».* Puisque selon Hébreux 9 : 22 *« « sans effusion de sang il n'y pas de pardon de péchés ».* Ensuite, *« Et presque tout d'après la loi devrait être purifié avec le sang. »* Presque tout ! Tout Ici, y compris le ciel même Hébreux 9 : 23 *Il était donc nécessaire, puisque les images des choses qui sont dans les cieux devaient être purifiées de cette manière, que les choses célestes elles-mêmes le fussent par des sacrifices plus excellents que ceux-là. »* Il est dit que les choses célestes elles-mêmes fussent purifiées ! La Bible annonce que le ciel avait besoin d'un sang de purification ! Qu'a donc fait le Christ ? Hébreux 9 : 12 *« et il est entré une fois pour toutes dans le lieu très saint, non avec le sang des boucs et des veaux, mais avec son propre sang, ayant obtenu une rédemption éternelle. »* Cette logique n'est-elle pas en accord avec l'idée du renouvellement de toutes choses dans le monde à venir ? En plus de purifier le ciel, Christ va recréer *« Puis je vis un nouveau ciel et une nouvelle terre ; car le premier ciel et la première terre avaient disparu, et la mer n'était plus. »* Apocalypse 21 : 1 Cependant qu'il ne soit pas commis un amalgame dans

cette purification de l'œuvre de rédemption du Christ, pour laquelle « *Il lave dans le vin son vêtement, Et dans le sang des raisins son manteau* », l'œuvre de rédemption du Christ devrait faire en bénéficier le ciel, certes, mais « *Christ n'est pas mort pour lui-même !* » *Daniel 9 : 26*. Il est mort pour le peuple ! En effet, sa vie n'a connu aucun tort, il est né saint, a vécu saint et est mort sans tâche, ni péché ! Mais nous disons que l'acte sacrificiel de sa mort, en a bénéficié également au ciel ! De ce fait le Fils de Dieu a été pour nous et pour le ciel à Golgotha l'**Autel,** Le **Sacrifice,** La **Sacrificature,** Le **Temple, et la Victime expiatoire !** Pourtant bien au-delà du sanctuaire qu'il est monté purifier, Christ retrouvant sa fonction première, reviendra accompagné de : « *la ville sainte, la nouvelle Jérusalem, préparée comme une épouse qui s'est parée pour son époux.* » *Apocalypse 21 : 1.* « *Car les choses anciennes auront disparu.* » *Apocalypse 21 : 4*

LES ORDONNANCES DU CULTE ABOLIES DES SABBAT, DES OFFRANDES, ET DES DIMES.

37. Quels Sabbats ne sont plus obligatoires depuis la croix ?

Colossiens 2 : 14 – 17 Ceux qui étaient « *l'…………………….. des choses à …………..* »

Note: Les jours des fêtes annuelles étaient aussi appelés « *Sabbats* » (féries) et faisaient partis des LOIS CEREMONIELLES, lesquelles préfiguraient certains aspects du ministère de Christ dans le plan du salut. Chaque année, il tombait sur un jour différent de la semaine. Ils représentaient la mort sacrificielle et le ministère de prêtrise de Jésus encore à venir. *(Hébreux 10 : 1*). Par ce moyen enseignait l'évangile, à Israël *(Hébreux 4 : 1 – 2).* Par exemple, le Sabbat annuel de la pâque préfigurait les souffrances et la mort de Christ *(1 Corinthiens 5 : 13).* Tous ces Sabbats annuels disparurent à la croix. Ils ne faisaient pas partie de la loi de Dieu, les dix commandements, la loi parfaite et éternelle qui nous enjoint de garder le Sabbat du septième jour qui par contre est toujours actuel et correspond à samedi. *(Psaume 19 : 8 ; 111 : 7- 8)*

Note: Toutes les lois relatives aux cultes, aux aliments et à l'observation des jours de repos communément appelé sabbats pour ainsi dire des lois en rapport avec les jours fériés, le peuple en était dispensé dès la morts sacrificielle de Jésus-Christ. D'où *Colossiens 2 :16-17* « *Que personne donc ne vous juge au sujet du manger ou du boire, ou au sujet d'une fête, d'une nouvelle lune, ou des sabbats : c'était l'ombre des choses à venir, mais le corps est en Christ.* » *Mathieu 15 : 11* « *Ce n'est pas ce qui entre dans la bouche qui souille l'homme ; mais ce qui sort de la bouche, c'est ce qui souille l'homme.* »

LE DECALOGUE (LES DIX COMMANDEMENTS)

Exode 16 : 28 « *Alors l'Éternel dit à Moïse : Jusques à quand refuserez-vous d'observer mes commandements et mes lois ?* »

Note: Etablir le parallèle entre les commandements de Dieu, les lois et ordonnances de culte pour bien démontrer la différence entre les trois. On lit encore dans Lévitique 26 : 15 « *si vous méprisez mes lois, et si votre âme a en horreur mes ordonnances, en sorte que vous ne pratiquiez point tous mes commandements et que vous rompiez mon alliance* »

LE TERME " LOI " : le décalogue, les ordonnances d'offrandes et de dimes

37. Mais qu'est-ce qu'une loi ?

Note: Dieu donna sa force afin que le peuple incline son cœur vers lui, et qu'il marche dans toutes ses voies. 1 Roi 8 : 58
« Que nous observions ses commandements, ses lois et ses ordonnances, qu'il a prescrits à nos pères ! »

38. Qu'appelait-on " Tables de l'alliance" ? Hébreux 9 : 10

« Il y avait dans l'arche un vase d'or contenant la manne, la verge d'Aaron, qui avait fleuri, et les tables de l'alliance. »
Note: Exode 34 : 1
« L'Éternel dit à Moïse : Taille deux tables de pierre comme les premières, et j'y écrirai les paroles qui étaient sur les premières tables que tu as brisées. »

c- Dans le Lieu Très Saint, il n'y avait qu'un seul meuble, l'**Arche de l'alliance** (Exode 25 : 10-22). Au-dessus on y voyait deux anges en or. C'est entre les deux anges que se manifestait la présence de Dieu. Dans l'arche, se trouvaient les deux tables sur lesquelles étaient écrits les dix commandements. Ces tables étaient de pierres ; (Deutéronome 10 : 4-5). L'arche représentait à la fois la miséricorde et la loi. La loi doit être respectée, mais Dieu a pourvu à la miséricorde pour celui qui transgresse la loi.

39. Mais de quelle loi s'agit-il ?

Note: 2 Corinthiens 3 : 3
« Vous êtes manifestement une lettre de Christ, écrite, par notre ministère, non avec de l'encre, mais avec l'Esprit du Dieu vivant, non sur des tables de pierre, mais sur des tables de chair, sur les cœurs. » 2 Corinthiens 3 : 4 *« Cette assurance-là, nous l'avons par Christ auprès de Dieu. »*

40. A quoi faisait allusion le terme ordonnance dans l'ancienne alliance ? Hébreux 9 : 1, 10

« La première alliance avait aussi des ordonnances relatives au culte, et le sanctuaire terrestre. Un tabernacle fut, en effet, construit. Dans la partie antérieure, appelée le lieu saint, étaient le chandelier, la table, et les pains de proposition. Derrière le second voile se trouvait la partie du tabernacle appelée le saint des saints, renfermant l'autel d'or pour les parfums, et l'arche de l'alliance, entièrement recouverte d'or. »

Les usages donc du sang de l'animal dans l'ancienne alliance

Note: Voilà pourquoi c'est avec du sang que même la première alliance fut inaugurée. Moïse, après avoir prononcé devant tout le peuple tous les commandements de la loi. Hébreux 9 : 18 « ***Prit** le sang des veaux et des boucs, avec de l'eau, de la laine écarlate, et de* *l'hysope ; (...) Il fit pareillement l'aspersion avec le sang sur le tabernacle et sur tous les ustensiles du culte.*

41. La Bible dit-elle que le sang purifiait les objets au même titre que des personnes ? Hébreux 9 : 22

« *Et presque tout, d'après la loi, est purifié avec du sang, et sans effusion de sang il n'y a pas de pardon.* »

Note: Et il fit l'aspersion sur le livre lui-même et sur tout le peuple, en disant : « *Ceci est le sang de l'alliance que Dieu a ordonnée pour vous.* » Hébreux 9 : 20 -21

42. Pourquoi était-il important de le faire ? Hébreux 9 : 23

« *Il était donc nécessaire, puisque les images des choses qui sont dans les cieux devaient être purifiées de cette manière, que les choses célestes elles-mêmes le fussent par des sacrifices plus excellents que ceux-là.* »

LES RAISONS EVIDENTES POUR LESQUELLES IL Y A PLUS AUCUN MOTIF DE REVENIR A LA PRATIQUE DE L'ANCIEN EXERCICE DU CULTE DES OFFRANDES, NI EN ESPECE NI EN NATURE POUR LE PARDON DES PECHES :

f) Le peuple est-il encore en marche vers Jérusalem ?
g) Dieu a-t-il toujours déterminé un lieu fixe où réunir le peuple pour son culte chrétien d'adoration?
h) Les douze tribus d'Israël sont-elles encore réunies dans le saint temple d'alors ?
i) Le Temple de Jérusalem existe-il encore ?
j) Les dons offerts lavent-ils les péchés des chrétiens aujourd'hui ?
k) La sacrificature de Lévi est-elle en vigueur en ces temps où christ a déjà été crucifié ?
l) Les Prêtres fils d'Aaron, sont-ils encore une caste mis à part exclusivement au service de la sacrificature ? Et de quelle sacrificature seraient-ils au service puis que Christ notre pacque a déjà été crucifié ?
m) Les autres dimes notamment celles en faveur des veuves des orphelins des étrangers et du roi ont été données au peuple au même titre que celles des sacrificateurs, pour quoi ne sont-elles plus enseignées et mises en vigueur si nous voulons encore d'obéir à toute la loi du culte lévitique ?
n) Lesquels commandements ont été promulgués par Dieu lui-même ?
o) Les dix commandements se trouvent-ils encore dans le ciel ? Où ils ont été déposés ?
p) L'Apocalypse est un livre qui annonce les faits à venir, évoque-t-il des lois du culte dans le temple du ciel ou pour le monde à venir ?

TITRE III : LA PROFANATION DU SANG DE JESUS PAR LA DIME LE PECHE DE BALAAM

Enfin, **Le Titre III**. La troisième partie de notre étude biblique consistera à démontrer les enjeux de ce changement d'ordonnance de lois, qui a rendu caduc la première alliance cultuelle de Moise, en assimilant ainsi au péché du prophète Balaam, autant que les chrétiens payant aujourd'hui la dime, profanent consciencieusement ou non, le sang de la grâce dans ces Eglises apostâtes. Cependant il y a une bonne nouvelle pour toutes celles, et tous ceux qui voudront bien s'en servir : La repentance ! **Ensuite ?**

Car il est dit dans l'épitre de *1 Pierre 1 : 18 - 19 « sachant que ce n'est pas par des choses périssables, par de l'argent ou de l'or, que vous avez été rachetés de la vaine manière de vivre que vous avez héritée de vos pères, mais par le sang précieux de Christ, comme d'un agneau sans défaut et sans tache »* Remarquons la comparaison qui y est faite dans ce passage entre le sang du Christ et celui des animaux pour démontrer l'annulation du premier par le deuxième! *Hébreux 7 : 18 « Il y a ainsi abolition d'une ordonnance antérieure, à cause de son impuissance et de son inutilité »* Alors voilà pourquoi les prophéties des apôtres déclare, *Jude 1 : 11 « Malheur à eux ! Car ils ont suivi la voie de Caïn, ils se sont jetés pour un salaire dans l'égarement de Balaam, ils se sont perdus par la révolte de Coré »*, et celles de *(II Pierre 2 : 1 - 3) (II Pierre 2 : 15)*, Paul *(1Timothée 6 : 5 - 7)* et de Jésus lui-même par Jean *(Apocalypse 2 : 14)*, s'accompliront certainement contre ces synagogues de Satan. Plus qu'une sentence, ces prophéties annoncent le sort déjà scellé de ceux qui donnent ou reçoivent encore la dîme, s'ils ne venaient pas à s'en repentir !!! *« De quel pire châtiment pensez-vous que sera jugé digne celui qui aura foulé aux pieds le Fils de Dieu, qui aura tenu pour profane le sang de l'alliance, par lequel il a été sanctifié, et qui aura outragé l'Esprit de la grâce ? Car nous connaissons celui qui a dit : A moi la vengeance, à moi la rétribution ! Et encore : Le Seigneur jugera son peuple. C'est une chose terrible que de tomber entre les mains du Dieu vivant. »* Et puis après, *« Souvenez-vous de ces premiers jours, où, après avoir été éclairés, vous avez soutenu un grand combat au milieu des souffrances »*, *Hébreux 10 : 29 –32.* Il y aura assurément une période de disgrâce que vous allez subir de la part de ceux qui percevaient antérieurement vos dimes. Sans compter la période où (ces faux chrétiens) suivront *"la voie de Caïn" Jude 1 : 11*, et commenceront **très bientôt** à marquer du **"666 "** tous ceux qui auront abdiqué. Mais tenons bon ! *Hébreux 10 : 37- 38* nous rassure, *« Encore un peu, un peu de temps : celui qui doit venir (JESUS-CHRIST) viendra, et il ne tardera pas. Et mon juste vivra par la foi ; mais, s'il se retire, mon âme ne prend pas plaisir en lui. Nous, nous ne sommes pas de ceux qui se retirent pour se perdre, mais de ceux qui ont la foi pour sauver leur âme. »*

Note: *Hébreux 9 : 9 « C'est une figure pour le temps actuel, où l'on présente des offrandes et des sacrifices qui ne peuvent rendre parfait sous le rapport de la conscience celui qui rend ce culte » Hébreux 9 : 10 « et qui, avec les aliments, les boissons et les diverses ablutions, étaient des ordonnances charnelles imposées seulement jusqu'à une époque de réformation. » Hébreux 9 : 11 « Mais Christ est venu comme souverain sacrificateur des biens à venir ; il a traversé le* *tabernacle plus grand et plus parfait, qui n'est pas construit de main d'homme, c'est-à-dire, qui n'est pas de cette création »*

43. A quels faux prophètes est-il fait allusion dans ce passage ?
Jude 1 : 11 « *Malheur à eux ! car ils ont suivi la voie de Caïn, ils se sont jetés pour un salaire dans l'égarement de Balaam, ils se sont perdus par la révolte de Coré.* »

Note: Dans ce passage il est fait allusion à Caïn qui tua son frère Abel. Genèse 4 : 8 Devenant ainsi le premier meurtrier de l'histoire, Caïn symbolise le crime dans l'histoire sainte. Et Dieu déclare de ces chrétiens également « *Malheur à eux ! Car ils ont suivi la voie de Caïn* » A cause de l'offrande agrée de son frère, Caïn tua celui-ci. Par ailleurs ces faux prophètes en plus d'être des meurtriers, se corrompront dans leur salaire de l'iniquité tel … « *ils se sont jetés pour un salaire dans l'égarement de Balaam, ils se sont perdus par la révolte de Coré.* »

44. De quel salaire parlant du prophète Balaam est-il fait évocation dans ce passage ? Deutéronome 23 : 4
« *Parce qu'ils ne sont pas venus au-devant de vous avec du pain et de l'eau, sur le chemin, lors de votre sortie d'Égypte, et parce qu'ils ont fait venir contre toi à prix d'argent Balaam, fils de Beor, de Pethor en Mésopotamie, pour qu'il te maudisse.* »

45. Dieu a-t-il écouté Balaam ? Deutéronome 23 : 5 - 6
« *Mais l'Éternel, ton Dieu, n'a point voulu écouter Balaam ; et l'Éternel, ton Dieu, a changé pour toi la malédiction en bénédiction, parce que tu es aimé de l'Éternel, ton Dieu. Tu n'auras souci ni de leur prospérité ni de leur bien-être, tant que tu vivras, à perpétuité.* »

46. Comment Pierre en parle-t-il dans sa lettre ? 2 Pierre 2 : 1-2
« *Il y a eu parmi le peuple de faux prophètes, et il y aura de même parmi vous de faux docteurs, qui introduiront des sectes pernicieuses, et qui, reniant le maître qui les a rachetés, attireront sur eux une ruine soudaine.* »
Note: Nous notons ici une prophétie sur l'abandon de la foi de Dieu par quelques chrétiens !

47. Mais comment cela se fera-t-il cet abandon de la foi chrétienne là ? 2 Pierre 2 : 2 « *Plusieurs les suivront dans leurs dissolutions, et la voie de la vérité sera calomniée à cause d'eux.* »

48. Quel sera le motif de leur abandon de la foi ? 2 Pierre 2 : 2-3
« *Par cupidité, ils trafiqueront de vous au moyen de paroles trompeuses, eux que menace depuis longtemps la condamnation, et dont la ruine ne sommeille point.* »

49. Quel mobile usent-ils pour extorquer de l'argent selon les saintes écritures ? 1 Pierre 1 : 18
« *Sachant que ce n'est pas par des choses périssables, par de l'argent ou de l'or, que vous avez été rachetés de la vaine manière de vivre que vous avez héritée de vos pères, mais par le sang*

précieux de Christ, comme d'un agneau sans défaut et sans tache Prédestiné avant la fondation du monde, et manifesté à la fin des temps, à cause de vous »

50. Comment Paul en parle-t-il autrement ? Romains 12 : 1 – 35
« Et David dit : que leur table soit pour eux un piège, un filet, une occasion de chute, et une rétribution ! »

51. D'où viendront ceux qui détourneront le peuple de Dieu de la vérité ? Jude1 : 14
« Car il s'est glissé parmi vous certains hommes, dont la condamnation est écrite depuis longtemps, des impies, qui changent la grâce de notre Dieu en dissolution, et qui renient notre seul maître et Seigneur Jésus Christ. »

52. Comment parle-t-on de la dime qu'ils vont se mettre à extorquer aux chrétiens ? Jude1 : 11
« Malheur à eux ! Car ils ont suivi la voie de Caïn, ils se sont jetés pour un salaire dans l'égarement de Balaam, ils se sont perdus par la révolte de Coré. »

53. Après avoir voulu maudire les chrétiens par l'extorsion de la dime, comment la Bible les appelle-t-elle ces Eglises-là? 2 Pierre 2 :14
« Ils ont les yeux pleins d'adultère et insatiables de péché ; ils amorcent les âmes mal affermies ; ils ont le cœur exercé à la cupidité ; ce sont des enfants de malédiction. »

54. Comment empruntent-ils la voie de Balaam ? 2 Pierre 2 :15
« Après avoir quitté le droit chemin, ils se sont égarés en suivant la voie de Balaam, fils de Bosor, qui aima le salaire de l'iniquité »

55. Comment suivent-ils le chemin de Balaam ? Malachie 3 : 8
« Un homme trompe-t-il Dieu ? Car vous me trompez, Et vous dites : En quoi t'avons-nous trompé ? Dans les dîmes et les offrandes. » Malachie 3 : 9 *« Vous êtes frappés par la malédiction, Et vous me trompez, La nation tout entière ! »*

56. Ils disent apportez à la maison du trésor, mais existe-telle toujours cette maison ? Malachie 3 : 10
« Apportez à la maison du trésor toutes les dîmes, Afin qu'il y ait de la nourriture dans ma maison ; Mettez-moi de la sorte à l'épreuve, Dit l'Éternel des armées. Et vous verrez si je n'ouvre pas pour vous les écluses des cieux, Si je ne répands pas sur vous la bénédiction en abondance. »

57. Qu'a prophétisez Jésus sur le temple de Jérusalem ? Luc 21 : 6
« Les jours viendront où, de ce que vous voyez, il ne restera pas pierre sur pierre qui ne soit renversée. »

58. Où Jésus préconisa-t-il le lieu de culte chrétien ? Jean 4 : 21-24
« Femme, lui dit Jésus, crois-moi, l'heure vient où ce ne sera ni sur cette montagne ni à Jérusalem que vous adorerez le Père. Vous adorez ce que vous ne connaissez pas ; nous, nous adorons ce que nous connaissons, car le salut vient des Juifs. Mais l'heure vient, et elle est déjà venue, où les vrais adorateurs adoreront le Père en esprit et en vérité ; car ce sont là les adorateurs que le Père demande. Dieu est Esprit, et il faut que ceux qui l'adorent l'adorent en esprit et en vérité. »

59. Citant le faux prophète Balaam ces prétendus chrétiens maudissent le peuple. Comment ? 2 Pierre 2 :16
« Mais qui fut repris pour sa transgression : une ânesse muette, faisant entendre une voix d'homme, arrêta la démence du prophète. »

60. La Bible les qualifie encore de quoi ? 2 Pierre 2 :17
« Ces gens-là sont des fontaines sans eau, des nuées que chasse un tourbillon : l'obscurité des ténèbres leur est réservée. »

61. Ces faux prophètes sont caractéristiques de quoi ? 2 Pierre 2 : 1,3
« Il y a eu parmi le peuple de faux prophètes, et il y aura de même parmi vous de faux docteurs, qui introduiront des sectes pernicieuses, et qui, reniant le maître qui les a rachetés, attireront sur eux une ruine soudaine. Plusieurs les suivront dans leurs dissolutions, et la voie de la vérité sera calomniée à cause d'eux. Par cupidité, ils trafiqueront de vous au moyen de paroles trompeuses, eux que menace depuis longtemps la condamnation, et dont la ruine ne sommeille point. »

62. Comment Jésus considère l'argent par dans la Bible ? Luc 16 : 9
« Et moi, je vous dis : Faites-vous des amis avec les richesses injustes, pour qu'ils vous reçoivent dans les tabernacles éternels, quand elles viendront à vous manquer. Celui qui est fidèle dans les moindres choses l'est aussi dans les grandes, et celui qui est injuste dans les moindres choses l'est aussi dans les grandes ».
Note:

63. Comment Jésus qualifie-t-il les richesses passagères ? Luc 16 : 11
« Si donc vous n'avez pas été fidèle dans les richesses injustes, qui vous confiera les véritables ? »

64. Alors les biens matériels, en définitif sont considéré être la propriété de qui ? Luc 16.12
« Et si vous n'avez pas été fidèles dans ce qui est à autrui, qui vous donnera ce qui est à vous » ?

65. Puis-je exercer mon libre arbitre face aux choix que Dieu ou Satan me propose sur l'usage de l'argent ? Luc 16.13
« Nul serviteur ne peut servir deux maîtres. Car, ou il haïra l'un et aimera l'autre ; ou il s'attachera à l'un et méprisera l'autre. Vous ne pouvez servir Dieu et Mammon. »

66. Comment étaient les chefs religieux du temps de Jésus face à l'argent ? Luc 16 :14
« Les pharisiens, qui étaient avares, écoutaient aussi tout cela, et ils se moquaient de lui. »

67. Quant à Jésus comment est exprimée sa candeur ? Genèse 49 : 12
« Il a les yeux rouges de vin, Et les dents blanches de lait. »

68. Les prêtres ont-ils bien traité Jésus ? Mathieu 27 : 2
« Après l'avoir lié, ils l'emmenèrent, et le livrèrent à Ponce Pilate, le gouverneur. »

69. Parmi ses disciples qui avait-il été le traitre ? Mathieu 27 : 3
« Alors Judas, qui l'avait livré, voyant qu'il était condamné, se repentit, et rapporta les trente pièces d'argent aux principaux sacrificateurs et aux anciens »

70. Dieu accepta-il la repentance de Judas ? Mathieu 27 : 4
« ...en disant : J'ai péché, en livrant le sang innocent. Ils répondirent : Que nous importe ? Cela te regarde. »

71. Quels risques encourent ceux et celles qui persistent dans le péché de Balaam aujourd'hui ? Mathieu 27 : 5 *« Judas jeta les pièces d'argent dans le temple, se retira, et alla se pendre. »*

72. Comment ont régit les complices de Judas ? Mathieu 27 : 6
« Les principaux sacrificateurs les ramassèrent, et dirent : Il n'est pas permis de les mettre dans le trésor sacré, puisque c'est le prix du sang. »

73. Comment s'accomplit la prophétie de Judas sur sa trahison de Jésus ? Mathieu 27 : 7
« Et, après en avoir délibéré, ils achetèrent avec cet argent le champ du potier, pour la sépulture des étrangers. »

74. Comment fut appelé l'argent ayant servi à la trahison de Jésus ? Mathieu 27 : 8 *« C'est pourquoi ce champ a été appelé champ du sang, jusqu'à ce jour. »*

75. Cette trahison accomplit quelle prophétie ? Mathieu 27 : 9
« Alors s'accomplit ce qui avait été annoncé par Jérémie, le prophète : Ils ont pris les trente pièces d'argent, la valeur de celui qui a été estimé, qu'on a estimé de la part des enfants

d'Israël » Mathieu 27 : 10 *« …et ils les ont données pour le champ du potier, comme le Seigneur me l'avait ordonné. »*

76. Le véritable pouvoir spirituel : de quelle origine est-il ? Luc 9 : 1 – 2
« Jésus, ayant assemblé les douze, leur donna force et pouvoir sur tous les démons, avec la puissance de guérir les maladies. Il les envoya prêcher le royaume de Dieu, et guérir les malades. »

77. Comment devraient-ils se préparer pour la grande mission du rassemblement des brebis de Jésus ? Luc 9 : 3
« Ne prenez rien pour le voyage, leur dit-il, ni bâton, ni sac, ni pain, ni argent, et n'ayez pas deux tuniques. »

78. Que disent les saintes écritures quant à l'évangélisation ?
Luc 9 : 4 - 5 *« Dans quelque maison que vous entriez, restez-y ; et c'est de là que vous partirez. Et, si les gens ne vous reçoivent pas, sortez de cette ville, et secouez la poussière de vos pieds, en témoignage contre eux. »*

79. Sont-elles assimilables à celles déployées aujourd'hui ?

Note: Josué 24 : 24 - 25 *« Et le peuple dit à Josué : Nous servirons l'Éternel, notre Dieu, et nous obéirons à sa voix. Josué fit en ce jour une alliance avec le peuple, et lui donna des lois et des ordonnances, à Sichem. »*

Rappel de grandes manifestations de Dieu dans l'histoire sainte :

Josué 6 : 4 - 5 *« Car je t'ai fait monter du pays d'Égypte, Je t'ai délivré de la maison de servitude, Et j'ai envoyé devant toi Moïse, Aaron et Marie. Mon peuple, rappelle-toi ce que projetait Balak, roi de Moab, Et ce que lui répondit Balaam, fils de Beor, De Sittim à Guilgal, Afin que tu reconnaisses les bienfaits de l'Éternel. »*

Ecoutons l'introspection de Josué avant d'avancer vers l'Eternel Yahwéh Dieu ! Josué 6 : 6 - 7

« Avec quoi me présenterai-je devant l'Éternel, Pour m'humilier devant le Dieu Très Haut ? Me présenterai-je avec des holocaustes, Avec des veaux d'un an ? L'Éternel agréera-t-il des milliers de béliers, Des myriades de torrents d'huile ? Donnerai-je pour mes transgressions mon premier-né, Pour le péché de mon âme le fruit de mes entrailles ? »

Voici la réponse de Yahwéh Dieu Josué 6 : 8 -16

« On t'a fait connaître, ô homme, ce qui est bien ; Et ce que l'Éternel demande de toi, C'est que tu pratiques la justice, Que tu aimes la miséricorde, Et que tu marches humblement avec ton

Dieu. La voix de l'Éternel crie à la ville, Et celui qui est sage craindra ton nom. Entendez la verge et celui qui l'envoie ! Y a-t-il encore dans la maison du méchant Des trésors iniques, Et un épha trop petit, objet de malédiction ? Est-on pur avec des balances fausses, Et avec de faux poids dans le sac ? Ses riches sont pleins de violence, Ses habitants profèrent le mensonge, Et leur langue n'est que tromperie dans leur bouche. C'est pourquoi je te frapperai par la souffrance, Je te ravagerai à cause de tes péchés. Tu mangeras sans te rassasier, Et la faim sera au dedans de toi ; Tu mettras en réserve et tu ne sauveras pas, Et ce que tu sauveras, je le livrerai à l'épée. Tu sèmeras, et tu ne moissonneras pas, Tu presseras l'olive, et tu ne feras pas d'onctions avec l'huile, Tu presseras le moût, et tu ne boiras pas le vin. On observe les coutumes d'Omri Et toute la manière d'agir de la maison d'Achab, Et vous marchez d'après leurs conseils ; C'est pourquoi je te livrerai à la destruction, Je ferai de tes habitants un sujet de raillerie, Et vous porterez l'opprobre de mon peuple. »

CONCLUSION

Il en est de la dime comme de la pâque juive en l'état actuel. Les Juifs qui n'ont pas accepté Jésus-Christ comme étant le Messie, continuent encore de célébrer leur repas de pacque en immolant un agneau sacrificiel. Par ce sang versé, ils rappellent le sacrifice d'Isaac par Abraham ! Or nous savons tous que les Chrétiens d'aujourd'hui, célèbrent la pâque chrétienne en souvenir de la mort du Christ, et non plus en celui du sacrifice d'Isaac ! Lorsque Jésus institua le pain comme étant son corps et le vin matérialisant le sang de la rédemption du monde, il a remplacé la chair et le sang des animaux, par le pain et le vin qu'il a appelé son corps et son sang. Voilà pourquoi nous disions de la dime qu'elle est redevenue comme la pâque juive ; c'est-à-dire une immolation d'un agneau, annulant et remplaçant à nouveau le sacrifice du Fils de Dieu, par le payement d'une caution destinée autrefois aux sacrifices d'animaux, ceci pour le pardon des péchés. Pourtant, selon 1 Pierre 1 : 18-19, *« sachant que ce n'est pas par des choses périssables, par de l'argent ou de l'or, que vous avez été rachetés de la vaine manière de vivre que vous avez héritée de vos pères, mais par le sang précieux de Christ, comme d'un agneau sans défaut et sans tache »* Le mobile et l'objet réprimés ici c'est la *''cupidité'' dont l'intention est manifestement celui de profaner le sang de la grâce de Jésus par des doctrines sataniques* qui au demeurant sont en total disgrâce avec ce sang de la nouvelle alliance que Dieu a instauré par la mort du Christ. De ces faux chrétiens, faisant référence *''aux choses périssables''* autrement dit *''l'argent ou de l'or ''* entre autre dimes et offrandes qui était une institution que le peuple avait *''héritée de ses pères''* qui *''avec les aliments, les boissons''* d'après Hébreux 9 : 10 *« étaient des ordonnances charnelles imposées seulement jusqu'à une époque de réformation »*, la Bible annonce la prophétie de l'égarement de ces Eglises par amour pour l'argent à l'exemple de Judas ce traitre de disciple.

Ainsi pour faire opposition au système ancien du culte, le Nouveau Testament parle de reformation qui a été instituée depuis par *« le sang précieux de Christ, comme d'un agneau sans défaut et sans tache »* Hébreux 9 : 9. De ce fait, pouvons-nous aujourd'hui être respectueux de notre engagement baptismal de chrétien envers Dieu, si toute fois nous-nous mettons à immoler de nouveau un agneau pascal ou continuons de payer les dimes et offrandes volontaires pour nos péchés ? Evidemment que NON ! Puisque la question du sacrifice d'animaux ayant déjà été traitée dans le nouveau testament par les Apôtres : 1 Corinthiens 5 : 7*« Car Christ, notre Pâque, a été immolé »*, alors toute dime ou offrande volontaire payée par les chrétiens d'aujourd'hui, s'il est fait dans un acte cultuel ou pas, est systématiquement assimilée à l'acte sacrificiel d'animaux d'autrefois. Hébreux 10 : 18-21 *« Là où il y a pardon des péchés, il n'y a plus d'offrande pour le péché. Ainsi donc, frères, puisque nous avons, au moyen du sang de Jésus, une libre entrée dans le sanctuaire par la route nouvelle et vivante qu'il a inaugurée pour nous au travers du voile, c'est-à-dire, de sa chair, et puisque nous avons un Souverain Sacrificateur établi sur la maison de Dieu »*.

A cet effet, la présente étude biblique qui a consisté à constater la transition de sacrificature et de ministère sacrificiel qu'il y a eu entre les **Deux Alliances**, les **Deux Sanctuaires**, les **Deux Testateurs, Moise et Jésus-Christ** : *« C'est une figure pour le temps* *actuel, où l'on présente des offrandes et des sacrifices qui ne peuvent rendre parfait sous le rapport de la conscience celui qui rend ce culte, et qui, avec les aliments, les boissons et les divers ablutions, étaient des ordonnances charnelles imposées seulement jusqu'à une époque de réformation.* » Hébreux 9 : 9. Cette nouvelle réforme du culte selon le précédent passage, entra en vigueur une fois la mort du Christ constatée ! Le fait de préciser en ces termes « *C'est une figure pour le temps actuel, où l'on présente des offrandes et des sacrifices qui ne peuvent rendre parfait sous le rapport de la conscience* » manifestement, exprime la période durant laquelle l'épitre aux hébreux fut écrite ! Une période où le sanctuaire de Jérusalem était encore débout, n'ayant pas encore été détruite par les romains. Que ce temple, lieu d'immolation et d'offrandes fut encore en place ou qu'il fut détruit en l'an soixante-dix, le terme de la loi lévitique concernant les dimes ou directement celui des lois sacrificielles, étaient déjà révolus. Car Christ ayant été mis à mort, du coup la première alliance était remplacée par la nouvelle, celle du nouveau sacrificateur Jésus-Christ. Mais les Eglises actuellement qui perçoivent ou enseignent l'acquittement des dimes, par leurs frères chrétiens ou païens, agissant ainsi en connaissance de cause ou non, à l'exemple des cérémonies pratiquées dans le temple de Jérusalem avant sa destruction, mais surtout avant la mort du Christ, souillent pareillement pour leur compte, le sang de la grâce en profanant le sacrifice suprême de Jésus-Christ. Mais comment opèrent-ils ? L'épitre de 2 Pierre 2 : 1- 3 apporte une réponse sans équivoque : « *Il y a eu parmi le peuple de faux prophètes, et il y aura de même parmi vous de faux docteurs, qui introduiront des sectes pernicieuses, et qui, reniant le maître qui les a rachetés, attireront sur eux une ruine soudaine. Plusieurs les suivront dans leurs dissolutions, et la voie de la vérité sera calomniée à cause d'eux. Par cupidité, ils trafiqueront de vous au moyen de paroles trompeuses, eux que menace depuis longtemps la condamnation, et dont la ruine ne sommeille point.* »

Frères et sœurs qui avez accepté Jésus comme votre Sauveur, Souverain Sacrificateur et Berger, … Comment réagirez-vous à cette question qui vous est posée ? :

« De quel pire châtiment pensez-vous que sera jugé digne celui qui aura foulé aux pieds le Fils de Dieu, qui aura tenu pour profane le sang de l'alliance, par lequel il a été sanctifié, et qui aura outragé l'Esprit de la grâce ? » Hébreux 10

SOMMAIRE

24. Qu'apporta le roi Melchisédek quand il alla à la rencontre d'Abram ? *Genèse 14 : 18*
Les lois qui furent clouées à la croix avec Jésus-Christ.
Le **Titre II** LA NOUVELLE ALLIANCE GRACE AU SACRIFICE ETERNEL DU SANG DU CHRIST-REDEMPTEUR, SANS TACHE QUI REFORMA LA LOI DU CULTE A L'ERE DU CHRISTIANISME
Le sanctuaire et ses services.
Dans le lieu saint se trouvaient :
Sacrificature de Jésus comparée à celle du souverain sacrificateur
25. Que voulaient les prêtres en jugeant jésus ? *Mathieu 26 : 59*
26. Ont-ils trouvé des preuves pour l'inculper ? *Mathieu 26 : 60-62*
27. Qui trouva une preuve de l'accusation pour tuer jésus ? *Mathieu 26 : 63-64*
28. Comment le souverain sacrificateur mit-il fin à sa sacrificature face à jésus ? *Mathieu 26 : 65-66*
29. Qu'est ce qui remplaça le sang des animaux ? *Hébreux 10 : 19*
30. Jésus emprunte-t-il une ancienne voie ou une ancienne loi de salut ? *Hébreux 10 : 20*
31. Jésus s'offrit-il plusieurs fois pour sauver les hommes ? *Hébreux 7 : 27*
32. De quel pire châtiment pensez-vous que sera jugé digne celui qui aura foulé aux pieds le fils de dieu, qui aura tenu pour profane le sang de l'alliance, par lequel il a été sanctifié, et qui aura outragé l'esprit de la grâce ? *Hébreux 10 : 29*
Les ordonnances d'offrandes et de dimes
33. Quels Sabbats ne sont plus obligatoires depuis la croix ? *Colossiens 2 : 14 – 17*
Le décalogue (les dix commandements)
Le terme "lois" : le décalogue, les ordonnances d'offrandes et de dimes
34. Mais qu'est-ce qu'une loi ?
35. Qu'appelait-on " Tables de l'alliance" ? *Hébreux 9 : 10*
36. A quoi faisait allusion le terme ordonnance dans l'ancienne alliance ? *Hébreux 9 : 1, 10*
Les usages donc du sang de l'animal dans l'ancienne alliance
37. La Bible dit-elle que le sang purifiait les objets au même titre que des personnes ? *Hébreux 9 : 22*
38. Pourquoi était-il important de le faire ? *Hébreux 9 : 23*
Titre III : la profanation du sang de Jésus par la dime le pêché de Balaam
39. A quels faux prophètes est-il fait allusion dans ce passage ? *Jude1 : 11*
40. De quel salaire parlant du prophète Balaam est-il fait évocation dans ce passage ? *Deutéronome 23.4*
41. Mais comment cela se fera-t-il cet abandon de la foi chrétienne là ? *2 Pierre 2 : 2*
42. Quel sera le motif de leur abandon de la foi ? *2 Pierre 2 : 2-3*
43. Quel mobile usent-ils pour extorquer de l'argent selon les saintes écritures ? *1 Pierre 1 : 18*
44. Comment Paul en parle-t-il autrement ? *Romains 12 : 1 – 35*
45. D'où viendront ceux qui détourneront le peuple de Dieu de la vérité ? *Jude1 : 14*
46. Comment parle-t-on de la dime qu'ils vont se mettre à extorquer aux chrétiens ? *Jude1 : 11*
47. Après avoir voulu maudire les chrétiens par l'extorsion de la dime, comment la Bible les appelle-t-elle ces Eglises-là? *2 Pierre 2 :14*
48. Comment empruntent-ils la voie de Balaam ? *2 Pierre 2 :15*
49. Comment suivent-ils le chemin de Balaam ? *Malachie 3 : 8*

50. Ils disent apportez à la maison du trésor, mais existe-telle toujours cette maison ? *Malachie 3 : 10*
51. Qu'a prophétisez Jésus sur le temple de Jérusalem ? *Luc 21 : 6*
52. Où Jésus préconisa-t-il le lieu de culte chrétien ? *Jean 4 : 21-24*
53. Citant le faux prophète Balaam ces prétendus chrétiens maudissent le peuple. Comment ? *2 Pierre 2 :16*
54. La Bible les qualifie encore de quoi ? *2 Pierre 2 :17*
55. Ces faux prophètes sont caractéristiques de quoi ? *2 Pierre 2 : 1,3*
56. Comment Jésus considère l'argent par dans la Bible ?
57. Comment Jésus qualifie-t-il les richesses passagères ? *Luc 16.11*
58. Alors les biens matériels, en définitif sont considéré être la propriété de qui ? *Luc 16.12*
59. Puis-je exercer mon libre arbitre face aux choix que Dieu ou Satan me propose sur l'usage de l'argent ? *Luc 16.13*
60. Comment étaient les chefs religieux du temps de Jésus face à l'argent ? *Luc 16 :14*
61. Le véritable pouvoir spirituel : de quelle origine est-il ? *Luc 9 : 1*
62. Comment devraient-ils se préparer pour la grande mission du rassemblement des brebis de Jésus ? *Luc 9 : 3*
63. Que disent les saintes écritures quant à l'évangélisation ? *Luc 9 : 4 - 5*
64. Sont-elles assimilables à celles déployées aujourd'hui ?
    Rappel de grandes manifestations de Dieu dans l'histoire sainte : *Josué 6 : 4 - 5*
65. Ecoutons l'introspection de Josué avant d'avancer vers l'Eternel Yahwéh Dieu ! *Josué 6 : 6 - 7*
    Voici la réponse de Yahwéh Dieu *Josué 6 : 8 -16*
    CONCLUSION
    DANS LA MEME COLLECTION D'ETUDE BIBLIQUE :

DANS LA MEME COLLECTION D'ETUDE BIBLIQUE :

1. LA PLUS LONGUE PROPHETIE DE LA BIBLE ; TITRE I, LE BAPTEME DE JESUS-CHRIST, L'ONCTION DU SAINT DES SAINTS.
2. LA PLUS LONGUE PROPHETIE DE LA BIBLE ; TITRE II, LA PURIFICATION DU SANCTUAIRE, SATAN EST CHASSE HORS DU CIEL.
3. LA FIN DU MONDE DANS LA BIBLE ET LE SIGNE DE LA BETE, LE « 666 ».
4. LE GRAND SIGNE DE LA BETE, LE (666) REVELE.
5. COMMENT LES HOMMES ONT-ILS DEJA PRIS LE (666) LE SIGNE DE LA BETE SUR LE FRONT ?
6. COMMENT LES HOMMES ONT-ILS DEJA PRIS LE (666) LE SIGNE DE LA BETE SUR LA MAIN ?
7. LES DIX COMMANDEMENTS DE DIEU ET LE SALUT EN JESUS-CHRIST.
8. LA DIME, LE PECHE DE JUDAS DANS L'EGLISE CONTEMPORAINE APOSTASIEE.
9. QUELS SONT LES AUTRES SIGNES DE LA BETE ?
10. LE FONCTIONNEMENT DE L'EGLISE APOSTAT.
11. LE PARADIS ET L'ESPERANCE CHRETIENNE.
12. L'EGLISE, LES CHRETIENS.
13. QUI EST LE VRAI DIEU ?
14. IL YA UN SEUL DIEU !
15. IL YA UN SEUL SEIGNEUR !
16. IL YA UN SEUL ESPRIT !
17. IL YA UNE SEULE FOI !
18. IL YA UNE SEULE ESPERANCE !
19. IL YA UN SEUL CORPS !
20. IL YA UN SEUL BAPTEME !
21. LE SCEAU DE DIEU DANS L'APOCALYPSE.
22. LE SCEAU DU DIABLE DANS L'APOCALYPSE.
23. LE JOUR OU LE VATICAN, LA GRANDE PROSTITUEE, LA MERE DES IMPUDIQUES SERA DETRUITE.
24. VOICI LE GRAND SIGNE DE LA FIN DES TEMPS, ET DU RETOUR DE JESUS-CHRIST.
25. LE MOUVEMENT ISLAMIQUE DECRIT DANS LE LIVRE DE L'APOCALYPSE.
26. LA DERNIERE EGLISE, LES 144 000, LE RETOUR DU SEIGNEUR JESUS-CHRIST, ET L'ETERNITE.
27. VINGT ET SEPTIEME ECRITURE : LE TEMOIGNAGE. VIE ET TEMOIGNAGES CHRETIEN !

Printed by Books on Demand GmbH, Norderstedt / Germany